CB070185

Um Minuto com CHICO XAVIER

CHICO XAVIER

Pelos Espíritos
ANDRÉ LUIZ, EMMANUEL e IRMÃO JACOB

Um Minuto com CHICO XAVIER

Organização: Fernando Quaglia e Geraldo Campetti

FEB

Copyright © 2023 by
FEDERAÇÃO ESPÍRITA BRASILEIRA – FEB

1ª edição – 2ª impressão – 5 mil exemplares – 1/2024

ISBN 978-65-5570-539-3

Todos os direitos reservados. Nenhuma parte desta publicação pode ser reproduzida, armazenada ou transmitida, total ou parcialmente, por quaisquer métodos ou processos, sem autorização do detentor do *copyright*.

FEDERAÇÃO ESPÍRITA BRASILEIRA – FEB
SGAN 603 – Conjunto F – Avenida L2 Norte
70830-106 – Brasília (DF) – Brasil
www.febeditora.com.br
editorial@febnet.org.br
+55 61 2101 6161

Pedidos de livros à FEB
Gerência comercial
Tel.: (61) 2101 6161 – comercial@febnet.org.br

MISTO
Proveniente de florestas
com boa gestão florestal
FSC® C011095

Dados Internacionais de Catalogação na Publicação (CIP)
(Federação Espírita Brasileira – Biblioteca de Obras Raras)

L593m Luiz, André (Espírito)

Um minuto com Chico Xavier / pelos Espíritos André Luiz, Emmanuel e Irmão Jacob; [psicografado por] Francisco Cândido Xavier; organização de Fernando César Quaglia e Geraldo Campetti Sobrinho. – 1 .ed. – 2. imp. – Brasília: FEB, 2023.

224 p.; 13 cm

Inclui referências

ISBN 978-65-5570-539-3

1. Emmanuel (Espírito). 2. Irmão Jacob (Espírito) 3. Mensagens. I. Xavier, Francisco Cândido, 1910–2002. II. Quaglia, Fernando César. III. Campetti Sobrinho, Geraldo. IV. Federação Espírita Brasileira. V. Título.

CDD 133.93
CDU 133.7
CDE 80.03.00

Prefácio

Um minuto passa rápido, mas pode ser tão importante a ponto de salvar uma vida. Esta vida pode ser a sua!

Singelo na apresentação, este livro de fácil e rápida leitura vai lhe conduzir a reflexões necessárias, a fim de que você se sinta bem preparado para enfrentar os desafios da caminhada evolutiva.

Uma breve pausa...
Um instante apenas...
Ler, refletir, sentir, viver...

As mensagens desta coletânea vão renovar a sua existência. Nelas estão contidos recados sucintos em forma de lições inesquecíveis.

Não tenha pressa. Aproveite bem o tempo com as significativas presenças dos amigos espirituais André Luiz, Emmanuel e Irmão Jacob.

É apenas um minuto com Chico Xavier, que vai lhe fazer feliz.

Boa leitura!

Os organizadores
Brasília (DF), 31 de janeiro de 2023.

1

Ama sempre. Faze todo bem. Começa estimando os que te não compreendem, convicto de que esses, mais depressa, te farão melhor.

(Emmanuel. *Pão nosso*. Cap. 95)

2

A chuva, derramando-se em gotas, fertiliza o solo e sustenta bilhões de vidas.

(Emmanuel. *Fonte viva*. Cap. 9)

3

Não estrague o seu dia. Aprenda, com a Sabedoria Divina, a desculpar infinitamente, construindo e reconstruindo sempre para o infinito bem.

(André Luiz. *Agenda cristã*. Cap. 38)

4

O trabalho é das maiores bênçãos de Deus no campo das horas. Em suas dádivas de realização para o bem, o triste se reconforta, o ignorante aprende, o doente se refaz, o criminoso se regenera.

(Irmão Jacob. *Voltei*. Cap. 20)

5

Não olvides que a própria noite na Terra é uma pausa de esquecimento para que aprendamos a ciência do recomeço, em cada alvorada nova.

(Emmanuel. *Ceifa de luz*. Cap. 2)

6

Penetra no silêncio da própria alma, escuta os pensamentos que te nascem do próprio ser e reconhecerás que a solução fundamental de todos os problemas da vida surgirá de ti mesmo.

(Emmanuel. *Ceifa de luz*. Cap. 6)

7

Cristianizar a vida não é imprimir-lhe novas feições exteriores. É reformá-la para o bem no âmbito particular.

(Emmanuel. *Caminho, verdade e vida.* Cap. 19)

8

Este dia é um presente de Deus, em nosso auxílio; de nós depende aquilo que venhamos a fazer com ele.

(André Luiz. *Respostas da vida*. Cap. 1)

9

Venha o desânimo como vier, certifica-te de que a forma ideal para arredar-lhe a sombra será compreender, auxiliar, abençoar e servir sempre.

(Emmanuel. *Rumo certo*. Cap. 1)

10

Inflama-se o horizonte, cada manhã, com o fulgor do Sol, reformando o valor do dia.

Janeiro a Janeiro, renova-se o ano, oferecendo novo ciclo ao trabalho.

É como se tudo estivesse a dizer: "Se quiseres, podes recomeçar."

(Emmanuel. *Palavras de vida eterna*. Cap. 1)

11

Cultivai a fraternidade e o bem, porque, hoje e amanhã, colheremos da própria sementeira.

(Emmanuel. *Roteiro*. Cap. 40)

12

Aperfeiçoamento pede esforço.

Panorama dos cimos pede ascensão.

Se aspiramos ao clima da Vida Superior, adiantemo-nos para a frente, caminhando com os padrões de Jesus.

(Emmanuel. *Fonte viva*. Cap. 13)

13

Por onde você passe e do tamanho que possa, deixe um rastro de alegria.

Você voltará, mais tarde, para colher-lhe a bênção de luz.

(André Luiz. *Endereços da paz*. Cap. 4)

14

Se a questão é excessivamente complexa, espere mais um dia ou mais uma semana, a fim de solucioná-la. O tempo não passa em vão.

(André Luiz. *Agenda Cristã*. Cap. 10)

15

A graça do Céu não desce a esmo. Tem que ser merecida.

(André Luiz. *Agenda cristã*. Cap. 43)

16

A vontade é a gerência esclarecida e vigilante, governando todos os setores da ação mental.

(Emmanuel. *Pensamento e vida.* Cap. 2)

17

Cada existência e cada pessoa tem a sua dificuldade particular, simbolizando ensejo bendito.

(Emmanuel. *Caminho, verdade e vida*. Cap. 150)

18

Demonstre um pouco mais de paciência nos momentos de inquietação e evitará desgostos incalculáveis.

(André Luiz. *Respostas da vida*. Cap. 2)

19

Buscando as concessões do Céu, desistamos de lhes opor a barreira dos nossos caprichos próprios.

(Emmanuel. *Rumo certo*. Cap. 18)

20

A verdade é luz. Somente o coração alimentado de amor e o cérebro enriquecido de sabedoria podem refletir-lhe a grandeza.

(Emmanuel. *Roteiro*. Cap. 37)

21

Esforçando-te por superar dificuldades e contratempos, nas áreas da reencarnação, recorda o patrimônio das bênçãos de que dispões, a fim de que os dissabores e empeços educativos da existência não te sufoquem as possibilidades de trabalhar e de auxiliar.

(Emmanuel. *Rumo certo*. Cap. 3)

22

As mais diversas situações do cotidiano expressam a vinda de momento adequado para que venhamos a realizar o melhor.

(Emmanuel. *Palavras de vida eterna*. Cap. 150)

23

Súplicas de socorro explodem nos lugares mais recônditos do mundo.

As respostas, no entanto, surgem da própria vida.

A Terra não é prisão de sofrimento eterno. É escola abençoada das almas.

(André Luiz. *Endereços da paz*. Cap. 8)

24

A vida não reclama o teu sacrifício integral, em favor dos outros, mas, a benefício de ti mesmo não desdenhes fazer alguma coisa na extensão da felicidade comum.

(Emmanuel. *Fonte viva*. Cap. 28)

25

Não fuja às lições da estrada evolutiva, por mais difíceis e dolorosas, a fim de que a vida, mais tarde, lhe abra o santuário da sabedoria.

(André Luiz. *Agenda cristã*. Cap. 49)

26

Atenda à afabilidade e à doçura em seu caminho. Não perca, porém, o seu tempo em conversas inúteis.

(André Luiz. *Agenda cristã*. Cap. 11)

27

Nossa necessidade básica é de luz própria, de esclarecimento íntimo, de autoeducação, de conversão substancial do "eu" ao Reino de Deus.

(Emmanuel. *Caminho, verdade e vida*. Cap. 180)

28

Onde estiveres e como estiveres, nas áreas da dificuldade, dá-te à serenidade e ao espírito de serviço e entenderás, com facilidade, que o amor cobre realmente a multidão de nossas faltas, apressando, em nosso favor, a desejada conquista de paz e libertação.

(Emmanuel. *Ceifa de luz*. Cap. 22)

29

Quanto mais amplitude em nossos conhecimentos, mais responsabilidade em nossas ações.

(André Luiz. *Ação e reação*. Cap. 7)

30

Largue qualquer sombra do passado ao chão do tempo, qual a árvore que lança de si as folhas mortas.

(André Luiz. *Respostas da vida*. Cap. 3)

31

Todas as realizações pedem começo com segurança.

Um erro quase imperceptível de cálculo pode comprometer a estabilidade de um edifício.

(Emmanuel. *Roteiro*. Cap. 37)

32

Em qualquer dificuldade, arrima-te à confiança, trabalhando e servindo com alegria, na certeza invariável de que Deus te abençoa e te vê.

(Emmanuel. *Palavras de vida eterna*. Cap. 180)

33

Em todas as provas que te assaltem os dias, considera a cota das bênçãos que te rodeiam, e, escorando-te na fé e na paciência, reconhecerás que a Divina Providência está agindo contigo e por teu intermédio, sustentando-te em meio aos problemas que te marcam a estrada para doar-lhes a solução.

(Emmanuel. *Rumo certo*. Cap. 3)

34

Aguarda tolerância para
as falhas possíveis
que venhas a cometer;
entretanto, esquece
igualmente as ofensas de
que te faças objeto ou
as dificuldades
que alguém te imponha.

(Emmanuel. *Ceifa de luz*. Cap. 56)

35

Quando algum sentimento nos induz a parecer melhor ou mais forte que os outros, é chegado o momento de procurar a nossa própria realidade, para desistir da ilusão.

(André Luiz. *Endereços da paz*. Cap. 9)

36

Busque agir para o bem, enquanto você dispõe de tempo. É perigoso guardar uma cabeça cheia de sonhos, com as mãos desocupadas.

(André Luiz. *Agenda cristã*. Cap. 14)

37

Agradecer não será tão somente problema de palavras brilhantes; é sentir a grandeza dos gestos, a luz dos benefícios, a generosidade da confiança e corresponder, espontaneamente, estendendo aos outros os tesouros da vida.

(Emmanuel. *Pão nosso*. Cap. 163)

38

Se você não consegue evitar a irritação, use o silêncio.

(André Luiz. *Endereços da paz*. Cap. 27)

39

Se o Senhor te chamou,
não te esqueças de que
já te considera digno
de testemunhar.

(Emmanuel. *Caminho, verdade e vida*. Cap. 71)

40

Os pensamentos honestos e nobres, sadios e generosos, belos e úteis, fraternos e amigos, são a garantia do auxílio positivo aos outros e a nós mesmos.

(Emmanuel. *Roteiro*. Cap. 35)

41

Roga a Deus te abençoe, mas concilia-te, cada manhã, com todas as criaturas e com todas as coisas, agradecendo-lhes as dádivas ou lições que te ofertem.

(Emmanuel. *Ceifa de luz*. Cap. 56)

42

Viva o presente, agindo e servindo com fé e alegria, sem afligir-se pelo futuro, porque, para viver amanhã, você precisará viver hoje.

(André Luiz. *Respostas da vida*. Cap. 3)

43

Entendendo-se a paciência, à maneira de ciência da paz, não procures a paz, a distância, de vez que ela reside em ti mesmo.

(Emmanuel. *Rumo certo*. Cap. 6)

44

Estuda, raciocina, observa e medita...

Mais tarde, é certo que a reencarnação te conduzirá para novas lutas e novos ensinamentos, entretanto, permanece convicto de que toda lição nobre, aprendida hoje, por mais obscura e mais simples, será sempre felicidade a sorrir-te amanhã.

(Emmanuel. *Palavras de vida eterna*. Cap. 90)

45

Cada um de nós, onde se encontre agora, permanece em meio da colheita daquilo que plantou, com a possibilidade de efetuar novas sementeiras.

(André Luiz. *Endereços da paz*. Cap. 12)

46

Não te espantes, assim, à frente do conflito da luz e da treva em ti mesmo...

Segue a luz e acertarás o caminho.

(Emmanuel. *Palavras de vida eterna*. Cap. 21)

47

O mundo interior é a
fonte de todos os princípios
bons ou maus e todas as
expressões exteriores
guardam aí os
seus fundamentos.

(Emmanuel. *Caminho, verdade e vida*. Cap. 18)

48

Interprete o adversário como portador de equilíbrio; se precisamos de amigos que nos estimulem, necessitamos igualmente de alguém que indique os nossos erros.

(André Luiz. *Agenda Cristã*. Cap. 4)

49

Constitui ótimo exercício contra a vaidade pessoal a meditação nos fatores transcedentes que regem os mínimos fenômenos da vida.

O homem nada pode sem Deus.

(Emmanuel. *Caminho, verdade e vida*. Cap. 101)

50

[...] a paz não é conquista de inércia, mas sim fruto do equilíbrio entre fé no Poder Divino e a confiança em nós mesmos, no serviço pela vitória do bem.

(André Luiz. *Ação e reação*. Cap. 3)

51

[...] Aquilo que lemos, as pessoas que estimamos, as assembleias que contam conosco e aqueles que ouvimos influenciam decisivamente sobre nós. Devemos ajudar a todos, mas precisamos selecionar os ingredientes de nossa alimentação mais íntima.

(Emmanuel. *Roteiro*. Cap. 35)

52

Nunca desconsidere o valor da sua dose de solidão, a fim de aproveitá-la em meditação e reajuste das próprias forças.

(André Luiz. *Respostas da vida*. Cap. 3)

53

Em assuntos da lei de causa e efeito, é imperioso não olvidar que todos os valores da vida, desde as mais remotas constelações à mínima partícula subatômica, pertencem a Deus, cujos inabordáveis desígnios podem alterar e renovar, anular ou reconstruir tudo o que está feito.

(André Luiz. *Ação e reação*. Cap. 7)

54

Encara os obstáculos de ânimo firme e estampa o otimismo em tua alma para que não fujas aos teus próprios compromissos perante a vida.

Serenidade em nós é segurança nos outros.

(Emmanuel. *Palavras de vida eterna*. Cap. 50)

55

Reflete na importância de tua própria imortalidade e recorda, onde estejas, que a paz de teu ambiente começa invariavelmente de ti.

(Emmanuel. *Rumo certo*. Cap. 6)

56

Todo progresso humano surge da Paciência Divina. Conserva-te, pois, na força da paciência e, onde estejas, farás sempre o melhor.

(Emmanuel. *Palavras de vida eterna*. Cap. 67)

57

Achamo-nos todos presentemente no lugar certo, com as criaturas certas e com as obrigações exatas, a fim de realizarmos o melhor ao nosso alcance.

(André Luiz. *Endereços da paz*. Cap. 12)

58

Seja útil em qualquer lugar, mas não guarde a pretensão de agradar a todos; não intente o que o próprio Cristo ainda não conseguiu.

(André Luiz. *Agenda cristã*. Cap. 4)

59

Na qualidade de político ou de varredor, num palácio ou numa choupana, o homem da Terra pode fazer o que lhe ensinou Jesus.

(Emmanuel. *Caminho, verdade e vida*. Cap. 47)

60

Sempre que possa e quanto possa abstenha-se de comentar o mal; a palavra cria a imagem e a imagem atrai a influência que lhe diz respeito.

(André Luiz. *Respostas da vida*. Cap. 17)

61

[...] somos simples usufrutuários da Natureza que consubstancia os tesouros do Senhor, com responsabilidade em todos os nossos atos, desde que já possuamos algum discernimento.

(André Luiz. *Ação e reação*. Cap. 7)

62

Achamo-nos imbuídos do sonho de renovação e paz, aspirando à imersão na vida superior; entretanto, quem poderia adquirir responsabilidade sem quitar-se com a Lei?

Ninguém avança para a frente sem pagar as dívidas que contraiu. [...]

(André Luiz. *Ação e reação*. Cap. 2)

63

Na mesma leira de terra
dadivosa e neutra,
quem acalenta a urtiga
recolhe a urtiga que fere, e
quem protege o jardim tem
a flor que perfuma. O solo
da vida é idêntico para
nós todos.

(André Luiz. *Ação e reação*. Cap. 5)

64

A receita de vida melhor será sempre melhorar-nos, através da melhora que venhamos a realizar para os outros.

(André Luiz. *Respostas da vida*. Cap. 4)

65

Provas, aflições, problemas e dificuldades se erigem na existência, como sendo patrimônio de todos.

O que nos diferencia, uns diante dos outros, é a nossa maneira peculiar de apreciá-los e recebê-los.

(Emmanuel. *Rumo certo*. Cap. 10)

66

Ninguém vive só, mas chega sempre um momento para a alma em que é imprescindível saber lutar em solidão para viver bem.

(Emmanuel. *Roteiro*. Cap. 33)

67

Não despreze seu corpo.

Um músico não interpreta a melodia, usando instrumento desafinado.

(André Luiz. *Endereços da paz*. Cap. 23)

68

Uma prece, uma saudação afetuosa, uma flor ou um bilhete amistoso conseguem apagar longo fogaréu da discórdia ou dissipar rochedos de sombra.

(Emmanuel. *Palavras de vida eterna*. Cap. 91)

69

As qualidades excelentes são dons que procedem de Deus; entretanto, cada qual tem a porta respectiva e pede uma chave diferente.

(Emmanuel. *Caminho, verdade e vida*. Cap. 52)

70

Ajude ao que erra; seus pés pisam o mesmo chão, e, se você tem possibilidades de corrigir, não tem o direito de censurar.

(André Luiz. *Agenda cristã*. Cap. 6)

71

A vida é a força divina que marcha para diante.

Obstruir-lhe a passagem, desequilibrar-lhe os movimentos, menoscabar-lhe os dons e olvidar-lhe o valor é criar aflição e sofrimento que se voltarão, agora ou mais tarde, contra nós mesmos.

(Emmanuel. *Roteiro*. Cap. 32)

72

Cada homem é uma casa espiritual que deve estar, por deliberação e esforço do morador, em contínua modificação para melhor.

(Emmanuel. *Vinha de luz*. Cap. 133)

73

Oferece o melhor de ti aos que te compartilham a estrada, e, conservando a consciência tranquila, trabalha sempre, lembrando, a cada momento, que, assim como o fruto fala da árvore, o serviço é a testemunha do servidor.

(Emmanuel. *Ceifa de luz*. Cap. 14)

74

Desculpe sempre porque todos temos algum dia em que necessitamos de perdão.

(André Luiz. *Respostas da vida*. Cap. 11)

Humildade não é servidão. É, sobretudo, independência, liberdade interior que nasce das profundezas do Espírito, apoiando-lhe a permanente renovação para o bem.

(Emmanuel. *Pensamento e vida*. Cap. 24)

76

Se repontam horas de crise nos encargos que te competem, mantém-te firme no lugar de trabalho em que o mundo te colocou e cultiva a certeza de que não te faltará auxílio para a concretização do bem a que te dedicas.

(Emmanuel. *Ceifa de luz*. Cap. 63)

77

Ouve a todos, trabalhando e trabalhando.

Responde a tudo, servindo e servindo.

(Emmanuel. *Rumo certo*. Cap. 11)

78

A primeira mostra do Desígnio da Providência, seja onde for, aparece no dever a que somos chamados na construção do bem comum.

(Emmanuel. *Palavras de vida eterna*. Cap. 138)

79

Lembra-te de que a interdependência é o regime instituído por Deus para a estabilidade de todo o Universo e não olvides a compreensão que devemos a todas as criaturas.

(Emmanuel. *Ceifa de luz*. Cap. 1)

80

Cada criatura é peça significativa na engrenagem do progresso.

Todos possuímos destacadas obrigações no aperfeiçoamento do Espírito.

Alma sem trabalho digno é sombra de inércia no concerto da harmonia geral.

(Emmanuel. *Roteiro*. Cap. 32)

81

Observa a substância de tuas preces. Como pedes? Em nome do mundo ou em nome do Cristo? Os que se revelam desanimados com a oração confessam a infantilidade de suas rogativas.

(Emmanuel. *Caminho, verdade e vida*. Cap. 66)

82

Ajude, conversando. Uma boa palavra auxilia sempre.

(André Luiz. *Agenda cristã.* Cap. 9)

83

Para viver em segurança,
ninguém desprezará
a disciplina.

(Emmanuel. *Pensamento e vida.* Cap. 21)

84

Não creias em salvadores
que não demonstrem ações
que confirmem a salvação
de si mesmos.

(Emmanuel. *Caminho, verdade e vida*. Cap. 99)

85

Fornece simpatia e admiração, bondade e otimismo.

Beneficência não é tão só o dispensário de solução aos problemas de ordem material; é também, e muito mais, o pronto-socorro à penúria de espírito.

(Emmanuel. *Rumo certo*. Cap. 50)

86

Você nem sempre terá o que deseja, mas, enquanto estiver ajudando aos outros, encontrará os recursos de que precise.

(André Luiz. *Respostas da vida*. Cap. 11)

87

Nos dias nublados, quando as sombras se amontoem ao redor de teus passos, converte toda tendência à lamentação em mais trabalho, e transfigura as muitas palavras de autojustificação que desejarias dizer, em mais serviço, conversando com os outros através do idioma inarticulado do dever retamente cumprido.

(Emmanuel. *Rumo certo*. Cap. 11)

88

Estendamos a simpatia para com todos e comecemos a viver realmente com Jesus, sob os esplendores de um novo dia.

(Emmanuel. *Fonte viva*. Cap. 180)

89

É natural pense cada um como possa, e ninguém deve promover a violência na Obra de Deus, mas, em qualquer tempo e situação, estejamos certos de que muito coopera e auxilia quem trabalha e não atrapalha.

(André Luiz. *Endereços da paz*. Cap. 27)

90

Possuir uma fé será reter uma crença religiosa; no entanto, cultivar a fé significa observar segurança e pontualidade, na execução de um compromisso.

(Emmanuel. *Palavras de vida eterna*. Cap. 140)

91

A Ciência multiplica as possibilidades dos sentidos e a Filosofia aumenta os recursos do raciocínio, mas a Religião é a força que alarga os potenciais do sentimento.

(Emmanuel. *Roteiro*. Cap. 10)

92

Lembre-se de que o mal não merece comentário em tempo algum.

(André Luiz. *Agenda cristã*. Cap. 9)

93

É necessário compreenda o homem que Deus concede os auxílios; entretanto, cada espírito é obrigado a talhar a própria glória.

(Emmanuel. *Caminho, verdade e vida*. Cap. 136)

94

Todos os temas do caminho terrestre são respeitáveis, repitamos; no entanto, sempre que te surjam no dia a dia, recorda que são eles os testes da escola humana em que te encontras, a fim de que aprendas a decidir e a escolher, nas trilhas da existência, e para que realizes o melhor nas tarefas de que te deves desincumbir.

(Emmanuel. *Rumo certo*. Cap. 44)

95

Tudo na vida roga entendimento e caridade para que a caridade e o entendimento nos orientem as horas.

(Emmanuel. *Ceifa de luz*. Cap. 2)

96

À frente da realidade, vivamos com as nossas lições, mantendo a consciência em paz, e deixemos aos outros o seu próprio dom de aprender e de viver.

(André Luiz. *Respostas da vida*. Cap. 10)

97

A sociedade humana pode ser comparada a imensa floresta de criações mentais, onde cada Espírito, em processo de evolução e acrisolamento, encontra os reflexos de si mesmo.

(Emmanuel. *Pensamento e vida.* Cap. 18)

98

Ninguém progride sem renovar-se.

(Emmanuel. *Fonte viva*. Cap. 50)

99

Por trás do sofrimento a se nos originar do orgulho ferido, está simplesmente a paixão pelas aparências a que ainda se nos afeiçoa o sentimento de superioridade ilusória.

(Emmanuel. *Rumo certo*. Cap. 13)

100

Os acontecimentos obedecem às nossas intenções e provocações, manifestas ou ocultas.

Encontraremos o que merecemos, porque merecemos o que buscamos.

A existência, pois, para nós, em qualquer parte, será invariavelmente segundo a pensamos.

(Emmanuel. *Roteiro*. Cap. 5)

101

Se a discórdia ameaça, façamos silêncio.

Se a tentação aparece, entenebrecendo a estrada, recorramos à oração.

Se a ofensa nos injuria, refugiemo-nos no serviço.

(André Luiz. *Endereços da paz*. Cap. 36)

102

Livremo-nos do débito, para que não venhamos a mergulhar no resgate laborioso, e corrijamos o erro, enquanto a hora é favorável, evitando a retificação muita vez dolorosa.

(Irmão Jacob. *Voltei*. Cap. 6)

103

Lança as inquietudes sobre as tuas esperanças em Nosso Pai Celestial, porque o Divino Amor cogita do bem-estar de todos nós.

(Emmanuel. *Pão nosso*. Cap. 8)

104

Se você errou desastradamente, não se precipite no desespero.

O reerguimento é a melhor medida para aquele que cai.

(André Luiz. *Agenda cristã.* Cap. 10)

105

Asserena-te sempre e abençoa as provas que te assinalem a estrada, de vez que são essas mesmas provas que te estruturam o degrau exato que podes e deves transpor na conquista da própria felicidade, ante a Vida Maior.

(Emmanuel. *Rumo certo*. Cap. 46)

106

O amor equilibra, a dor restaura. É por isso que ouvimos muitas vezes: Nunca teria acreditado em Deus se não houvesse sofrido.

(Emmanuel. *Caminho, verdade e vida*. Cap. 139)

107

A saúde é assim como a posição de uma residência que denuncia as condições do morador, ou de um instrumento que reproduz em si o zelo ou a desídia das mãos que o manejam.

(Emmanuel. *Pensamento e vida.* Cap. 15)

108

Se você receia a velhice do corpo, lembre-se de que a existência física avançada no tempo não é a noite de hoje e sim o alvorecer de amanhã.

(André Luiz. *Respostas da vida*. Cap. 35)

109

Agradeçamos os obstáculos que nos chegam em forma de alteração ou mudança, quebrando-nos a inércia e renovando-nos a vida.

(Emmanuel. *Rumo certo*. Cap. 14)

110

Arrependermo-nos de qualquer gesto maligno é dever, mas pranteá-lo indefinidamente é roubar tempo ao serviço de retificação.

(Emmanuel. *Fonte viva*. Cap. 90)

111

A bênção de um corpo, ainda que mutilado ou disforme, na Terra, é como preciosa oportunidade de aperfeiçoamento espiritual, o maior de todos os dons que o nosso planeta pode oferecer.

(Emmanuel. *Roteiro*. Cap. 3)

112

Depois da sepultura, sabemos, com exatidão, que o reino do bem ou o domínio do mal moram dentro de nós mesmos.

(Irmão Jacob. *Voltei*. Cap. 7)

113

S.O.S é hoje o sinal de todas as nações para configurar as súplicas de socorro e, na esfera de todas as criaturas, existe outro S.O.S, irmanando Silêncio, Oração e Serviço, como sendo a síntese de todas as respostas.

(André Luiz. *Endereços da paz*. Cap. 36)

114

Acenda sua lâmpada, enquanto há claridade em torno de seus passos. Viajor algum fugirá às surpresas da noite.

(André Luiz. *Agenda cristã*. Cap. 14)

115

Toda obra honesta e generosa repercute nos planos mais altos, conquistando cooperadores abnegados.

(Emmanuel. *Pão nosso*. Cap. 10)

116

Onde o mal apareça, retifiquemos amando, empreendendo semelhante trabalho a partir de nós mesmos.

(Emmanuel. *Rumo certo*. Cap. 49)

117

Libertemos o espelho da mente que jaz sob a lama do arrependimento e do remorso, da penitência e da culpa, e esse espelho divino refletirá o Sol com todo o esplendor de sua pureza.

(André Luiz. *Ação e reação*. Cap. 2)

118

Se você experimentou algum fracasso na execução dos seus ideais, não culpe disso senão a você mesmo, refletindo na melhor maneira de efetuar o reajuste.

(Emmanuel. *Rumo certo*. Cap. 18)

119

A família consanguínea, entre os homens, pode ser apreciada como o centro essencial de novos reflexos. Reflexos agradáveis ou desagradáveis que o pretérito nos devolve.

(Emmanuel. *Pensamento e vida.* Cap. 12)

120

A evolução é fruto do tempo infinito.

A morte da forma somática não modifica, de imediato, o Espírito que lhe usufruiu a colaboração.

Berço e túmulo são simples marcos de uma condição para outra.

(Emmanuel. *Roteiro*. Cap. 4)

121

No esforço redentor,
é indispensável que não
se percam de vista as
possibilidades pequeninas:
um gesto, uma palavra,
uma hora, uma frase pode
representar sementes gloriosas
para edificações imortais.
Imprescindível, pois,
jamais desprezá-las.

(Emmanuel. *Pão nosso*. Cap. 7)

122

O problema do discípulo do Evangelho não é o de ler para alcançar novidades emotivas ou conhecer a Escritura para transformá-la em arena de esgrima intelectual, mas, o de ler para atender a Deus, cumprindo-lhe a Divina Vontade.

(Emmanuel. *Vinha de luz*. Cap. 1)

123

Se procuramos o Cristo, gravemos as lições dele em nós mesmos, antes de impô-las aos semelhantes.

(André Luiz. *Endereços da paz*. Cap. 37)

124

Quando o homem compreender a grandeza da vida e a retidão da justiça, então o quadro terrestre se modificará, orientando-se invariavelmente para o Bem Supremo.

(Irmão Jacob. *Voltei*. Cap. 12)

125

O trabalhador cônscio das responsabilidades que lhe competem não se desvia dos caminhos retos.

(Emmanuel. *Pão nosso*. Cap. 28)

126

Diariamente, semeamos e colhemos. A vida é também um solo que recebe e produz eternamente.

(André Luiz. *Agenda cristã*. Cap. 21)

127

Cada conquista terrestre deveria ser aproveitada pela alma, como força de elevação.

(Emmanuel. *Caminho, verdade e vida.* Cap. 149)

128

Pouco a pouco, perceberemos que o Senhor não nos pede prodígios de transformação imediata ou espetáculos de grandeza e sim que nos apliquemos ao bem, de modo a caminhar com Ele, passo a passo, na edificação de nossa própria paz.

(Emmanuel. *Rumo certo*. Cap. 54)

129

Apequenar-se para ajudar, sem perder altura, é assegurar a melhoria de todos, acentuando a própria sublimação.

(Emmanuel. *Pensamento e vida*. Cap. 10)

130

Uma atitude de simpatia para com o próximo é sempre uma porta aberta em seu auxílio agora e no futuro.

(André Luiz. *Respostas da vida*. Cap. 6)

131

De corpo em corpo, como quem se utiliza de variadas vestiduras, peregrina o Espírito de existência em existência, buscando aquisições novas para o tesouro de amor e sabedoria que lhe constituirá divina garantia no campo da eternidade.

(Emmanuel. *Roteiro*. Cap. 8)

132

Quanto maior a compreensão de um homem, mais alto é o débito dele para com a Humanidade; quanto mais sábio, mais rico para satisfazer aos impositivos de cooperação no progresso universal.

(Emmanuel. *Vinha de luz*. Cap. 150)

133

Observemos o que estamos realizando com o tesouro das horas e de que espécie são as nossas ações, a benefício dos semelhantes. E, procurando aceitar-nos como somos, sem subterfúgios ou escapatórias, evitemos estragar-nos com queixas e autocondenação, diligenciando buscar, isto sim, agir, servir e melhorar-nos sempre.

(Emmanuel. *Rumo certo*. Cap. 23)

134

Cada dia que passa para o homem encarnado parece gritar-lhe aos ouvidos: Ainda é tempo! Ainda é tempo!

(Irmão Jacob. *Voltei*. Cap. 15)

135

De que serve a felicidade dos felizes quando não diminui a infelicidade dos que se sentem menos felizes?

(André Luiz. *Endereços da paz*. Cap. 9)

136

Ensinar não é ferir.
É orientar o próximo,
amorosamente, para o reino
da compreensão
e da paz.

(André Luiz. *Agenda cristã*. Cap. 28)

137

Lembremo-nos de que
a Providência Divina opera
invariavelmente para
o bem infinito.

(Emmanuel. *Pão nosso*. Cap. 63)

138

A recomendação "que vos ameis uns aos outros como eu vos amei" assegura o regime da verdadeira solidariedade entre os discípulos, garante a confiança fraternal e a certeza do entendimento recíproco.

(Emmanuel. *Caminho, verdade e vida*. Cap. 179)

139

Abençoa a disciplina que nos orienta o coração com diretrizes justas, mas não te prendas a limitações imaginárias que te separem da ideia de Deus e da grandeza da vida.

(Emmanuel. *Rumo certo*. Cap. 57)

140

Cada criatura que registra as notas consoladoras do Evangelho começa a contemplar o mundo e a vida através de prisma diferente.

Surge-lhe a Terra por bendita escola de preparação espiritual, com serviço santificante para todos.

(Emmanuel. *Roteiro*. Cap. 14)

141

Se nos propomos retratar mentalmente a luz dos planos superiores, é indispensável que a nossa vontade abrace espontaneamente o trabalho por alimento de cada dia.

(Emmanuel. *Pensamento e vida*. Cap. 7)

142

Trazendo a sua consciência tranquila, nos deveres que a vida lhe deu a cumprir, você pode e deve viver a sua vida tranquila, sem qualquer necessidade de ser infeliz.

(André Luiz. *Respostas da vida*. Cap. 6)

143

Em tudo o que sentirmos, pensarmos, falarmos ou fizermos, doemos aos outros o melhor de nós, reconhecendo que, se as árvores são valorizadas pelos próprios frutos, cada árvore recebe e receberá invariavelmente atenção e auxílio do pomicultor, conforme os frutos que venha a produzir.

(Emmanuel. *Rumo certo*. Cap. 23)

144

Todos sabem principiar o ministério do bem, poucos prosseguem na lide salvadora, raríssimos terminam a tarefa edificante.

(Emmanuel. *Vinha de luz*. Cap. 180)

145

Quando você estiver à beira da inconformação, conte as bênçãos que já terá recebido.

(André Luiz. *Endereços da paz*. Cap. 10)

146

Erramos e acertamos, aprendendo, corrigindo e aprimorando sempre, até à conquista do Supremo Equilíbrio.

(Irmão Jacob. *Voltei*. Cap. 16)

147

É necessário instalar o governo de nós mesmos em qualquer posição da vida. O problema fundamental é de vontade forte para conosco, e de boa vontade para com os nossos irmãos.

(Emmanuel. *Pão nosso*. Cap. 158)

148

Cultive a confiança. O sol reaparecerá amanhã, no horizonte, e a paisagem será diferente.

(André Luiz. *Agenda cristã.* Cap. 30)

149

Há um esforço iluminativo para o interior sem o qual homem algum penetrará o santuário da Verdade Divina.

(Emmanuel. *Pão nosso*. Cap. 13)

150

Nas dificuldades em andamento, considera as dificuldades que já venceste e compreenderás que Deus, cujo infinito amor te sustentou ontem, sustentar-te-á também hoje.

(Emmanuel. *Rumo certo*. Cap. 58)

151

Tolerar é refletir o entendimento fraterno, e o perdão será sempre profilaxia segura, garantindo, onde estiver, saúde e paz, renovação e segurança.

(Emmanuel. *Pensamento e vida*. Cap. 25)

152

Mesmo nas horas mais aflitivas, procure agir com serenidade e discernimento, porque de tudo quanto fizermos colheremos sempre.

(André Luiz. *Respostas da vida*. Cap. 6)

153

Aproveitemos a bonança que surge em nós habitualmente após a tormenta íntima, para fixarmos o valor que a experiência nos oferece.

(Emmanuel. *Rumo certo*. Cap. 24)

154

A vida de um homem é a sua própria confissão pública.

(Emmanuel. *Vinha de luz*. Cap. 51)

155

Riqueza, na essência, é o aproveitamento real das oportunidades que a vida nos oferece em nome do Senhor.

(André Luiz. *Endereços da paz.* Cap. 11)

156

Não te detenhas na aflição vazia!

(Irmão Jacob. *Voltei*. Cap. 16)

157

A vida do homem não consiste na abundância daquilo que possui, mas na abundância dos benefícios que esparge e semeia, atendendo aos desígnios do Supremo Senhor.

(Emmanuel. *Vinha de luz*. Cap. 52)

158

Intensifique o próprio esforço. Sua vida será o que você fizer dela.

(André Luiz. Agenda cristã. Cap. 30)

159

Quando a provação nos visite – lição preciosa e natural na escola da Vida –, aceitemos o que sejamos e sirvamos com tudo aquilo de que possamos dispor, a benefício do próximo, com serenidade e compreensão, e estaremos livres da taxa de desespero que, em qualquer sofrimento, é sofrimento muito maior.

(Emmanuel. *Rumo certo*. Cap. 37)

160

Somente o dever bem cumprido nos confere acesso à legítima liberdade.

(Emmanuel. *Pão nosso*. Cap. 53)

161

Orar é identificar-se com a maior fonte de poder de todo o Universo, absorvendo-lhe as reservas e retratando as leis da renovação permanente que governam os fundamentos da vida.

(Emmanuel. *Pensamento e vida.* Cap. 26)

162

Acredite: sempre que os outros nos apareçam à maneira de problemas, somos para eles outros tantos problemas a resolver.

(André Luiz. *Respostas da vida*. Cap. 9)

163

Convençamo-nos de que a crise é a mestra da experiência e sem experiência, em qualquer empresa edificante da Terra, é impossível melhorar e compreender, servir e perseverar.

(Emmanuel. *Rumo certo*. Cap. 27)

164

A Força Divina está operando em todas as inteligências e superintendendo todos os trabalhos.

(Emmanuel. *Vinha de luz*. Cap. 96)

165

O discurso mais nobre principia numa palavra.

(André Luiz. *Endereços da paz.* Cap. 13)

166

É imprescindível não desanimar, nem estacionar.

(Irmão Jacob. *Voltei*. Cap. 16)

167

A colheita não é igual para todas as sementes da Terra. Cada espécie tem o seu dia, a sua estação.

(Emmanuel. *Vinha de luz*. Cap. 107)

168

Estime a solidariedade. Você não poderá viver sem os outros, embora, na maioria dos casos, possam os outros viver sem você.

(André Luiz. *Agenda cristã*. Cap. 30)

169

O pensamento sombrio
adoece o corpo são
e agrava os males do
corpo enfermo.

(Emmanuel. *Pensamento e vida*. Cap. 28)

170

A intolerância jamais compareceu ao lado de Jesus, na propagação da Boa-Nova.

(Emmanuel. *Rotciro*. Cap. 10)

171

Se os braços estacionam, as oficinas adormecem.

Ocorre o mesmo nas esferas de ação espiritual.

(Emmanuel. *Pão nosso.* Cap. 153)

172

Se você cometeu algum erro não se detenha para lamentar-se; raciocine sobre o assunto e retifique a falha havida porque, somente assim, a existência lhe converterá o erro em lição.

(André Luiz. *Respostas da vida*. Cap. 15)

173

Não desprezes o pouco que se possa fazer pela felicidade dos semelhantes, recordando que mais vale um pão nas horas de necessidade e carência que um banquete nos dias de saciedade e vitória.

(Emmanuel. *Rumo certo*. Cap. 29)

174

Quando vos reunirdes, lembrai a doutrina e a revelação, o poder de falar e de interpretar de que já sois detentores e colocai mãos à obra do bem e da luz, no aperfeiçoamento indispensável.

(Emmanuel. *Pão nosso*. Cap. 1)

175

O amor que estejamos
acrescentando à obrigação
que nos cabe cumprir
é sempre plantação de
felicidade para nós mesmos.

(Emmanuel. *Ceifa de luz*. Cap. 22)

176

Nos dias de enfermidade aguente um tanto mais as dificuldades de tratamento e você apressará as suas próprias melhoras de maneira imprevisível.

(André Luiz. *Respostas da vida*. Cap. 2)

177

Em muitos episódios da vida, aqueles que nos prejudicam, ou nos magoam, frequentemente se encontram de tal modo jungidos à tribulação que, no fundo, sofrem muito mais, pelo fato de nos criarem problemas, que nós mesmos, quando nos supomos vítimas deles.

(Emmanuel. *Ceifa de luz*. Cap. 21)

178

Em toda criatura terrestre, há luz e sombra. Destaque sua nobreza para que a nobreza do próximo venha ao seu encontro.

(André Luiz. *Agenda cristã*. Cap. 31)

179

O amor puro é o reflexo do Criador em todas as criaturas.

(Emmanuel. *Pensamento e vida.* Cap. 30)

180

Atende à evolução para aperfeiçoar a vida, mas cultiva a fé e a paciência, a humildade e a compreensão que te balsamizem o espírito, porque não existe felicidade sem amor e não existe amor, sem responsabilidade, fora das Leis de Deus.

(Emmanuel. *Ceifa de luz*. Cap. 65)

181

Para os pais amorosos, o melhor agradecimento dos filhos consiste na elevada compreensão do trabalho e da vida, de que oferecem testemunho.

(Emmanuel. *Pão nosso*. Cap. 163)

182

As pessoas que nos compreendem são bênçãos que nos alimentam o ânimo de trabalhar, entretanto, aquelas outras que ainda não nos entendem são testes que a vida igualmente nos oferece, a fim de que aprendamos a compreender.

(André Luiz. *Respostas da vida*. Cap. 16)

183

Acalmar-nos, a fim de trabalhar e servir com segurança será sempre o processo mais eficiente para liberar-nos da influência de escândalos, quaisquer que eles sejam.

(Emmanuel. *Rumo certo*. Cap. 34)

184

Criar ídolos humanos é pior que levantar estátuas destinadas à adoração. O mármore é impassível, mas o companheiro é nosso próximo de cuja condição ninguém deveria abusar.

(Emmanuel. *Pão nosso*. Cap. 150)

185

Quando você puder:

Movimente-se, fale, trabalhe ou escreva para fazer o bem.

Não pergunte.

Sirva.

Alguém está precisando.

Quem é saberá você depois.

(André Luiz. *Endereços da paz*. Cap. 16)

188

Vele por sua franqueza, a fim de que a sua palavra não destile veneno.

(André Luiz. *Agenda cristã*. Cap. 34)

186

De quando em quando, destaquemos uma faixa de tempo para considerar quantas afeições e oportunidades preciosas temos perdido, unicamente por desatenção pequenina ou pela impaciência de um simples gesto.

(Emmanuel. *Ceifa de luz*. Cap. 47)

187

Nem sempre é possível compreender, de pronto, a resposta celeste em nosso caminho de luta, no entanto, nunca é demais refletir para perceber com sabedoria.

(Emmanuel. *Vinha de luz*. Cap. 166)

189

Para encontrar o bem e assimilar-lhe a luz, não basta admitir-lhe a existência. É indispensável buscá-lo com perseverança e fervor.

(Emmanuel. *Pensamento e vida.* Cap. 6)

190

Se o homem soubesse a extensão da vida que o espera além da morte do corpo, certamente outras normas de conduta escolheria na Terra!

(Irmão Jacob. *Voltei*. Cap. 7)

191

Ação é serviço.

Oração é força.

Pela oração a criatura se dirige mais intensamente ao Criador, procurando-lhe apoio e bênção, e, através da ação, o Criador se faz mais presente na criatura, agindo com ela e em favor dela.

(Emmanuel. *Rumo certo*. Cap. 42)

192

Se você acredita que franqueza rude pode ajudar a alguém, observe o que ocorre com a planta a que você atire água fervente.

(André Luiz. *Respostas da vida*. Cap. 16)

193

Recordemos a lição viva e constante do livre-arbítrio a conclamar-nos ao próprio burilamento e utilizemos o empréstimo das horas que nos é concedido, nos recursos em mão, comandando as oportunidades que o tempo nos faculte para empreender as renovações de que sejamos carecedores.

(Emmanuel. *Rumo certo*. Cap. 34)

194

Não só ensinarás o bom caminho. Agirás de acordo com os princípios elevados que apregoas.

(Emmanuel. *Pão nosso*. Cap. 180)

195

Em qualquer tarefa de melhoria e elevação, em que esperemos novas aquisições de paz e alegria, felicidade e segurança, não nos esqueçamos de que a possibilidade nasce de Deus e que o trabalho vem de nós.

(Emmanuel. *Ceifa de luz*. Cap. 51)

196

Ora, vigia, movimenta-te no esforço digno e sê feliz, meu amigo! A tua luz crescerá com a dilatação de teu devotamento ao Bem infinito.

(Irmão Jacob. *Voltei*. Cap. 19)

197

Lembra-te, meu amigo,
de que és parte integrante
da multidão terrestre.

O Senhor observa o que fazes.

Não roubes o pão da vida;
procura multiplicá-lo.

(Emmanuel. *Vinha de luz*. Cap. 6)

198

O rio atinge os seus objetivos porque aprendeu a contornar obstáculos.

(André Luiz. *Agenda cristã*. Cap. 35)

199

Estudar e servir são rotas
inevitáveis na obra
de elevação.

(Emmanuel. *Pensamento e vida.* Cap. 4)

200

Atravessa, corajoso, esta hora de transição. Reanima-te, no Senhor, e não desfaleças!...

(Irmão Jacob. *Voltei*. Cap. 16)

201

É impraticável o aprimoramento das almas, sem educação, e a educação exige legiões de cooperadores.

(Emmanuel. *Pão nosso.* Cap. 173)

202

Quando haja de reclamar isso ou aquilo, espere que as emoções se mostrem pacificadas; um grito de cólera, muitas vezes, tem a força de um punhal.

(André Luiz. *Respostas da vida*. Cap. 17)

203

Sofremos doenças...

Se as acolhemos por ensinamentos justos da vida, elas se transfiguram em cursos de educação.

(Emmanuel. *Rumo certo*. Cap. 37)

204

Cumpre os deveres que te cabem e receberás os direitos que te esperam. Faze corretamente o que te pede o dia de hoje e não precisarás repetir a experiência amanhã.

(Emmanuel. *Pão nosso*. Cap. 55)

205

Algum problema difícil? Busque atuar invariavelmente para o bem e Deus lhe orientará os pensamentos e os passos para a melhor solução.

(André Luiz. *Endereços da paz.* Cap. 18)

206

Todos necessitamos de felicidade e paz; entretanto, felicidade e paz solicitam amor e renovação, tanto quanto o progresso e a vida pedem trabalho harmonioso e bênção de sol.

(Emmanuel. *Ceifa de luz*. Cap. 42)

207

Aprender e ensinar constituem tarefas de cada hora, para que colaboremos no engrandecimento do tesouro comum de sabedoria e de amor.

(Emmanuel. *Fonte viva*. Cap. 4)

208

As suas lágrimas não substituem o suor que você deve verter em benefício da sua própria felicidade.

(André Luiz. *Agenda cristã*. Cap. 38)

209

Olhai, refleti, ponderai!...
Depois disso, naturalmente,
estareis prontos a vigiar e orar
com proveito.

(Emmanuel. *Vinha de luz*. Cap. 87)

210

Infinita é a bondade do Senhor que não força a criatura e espera sempre!

(Irmão Jacob. *Voltei*. Cap. 17)

211

A cooperação significa obediência construtiva aos impositivos da frente e socorro implícito às privações da retaguarda.

(Emmanuel. *Pensamento e vida.* Cap. 3)

212

Nas dificuldades do dia a dia, esqueça os contratempos e siga em frente, recordando que Deus esculpiu em cada um de nós a faculdade de resolver os nossos próprios problemas.

(André Luiz. *Respostas da vida*. Cap. 19)

213

Paciência, por isso mesmo, em sua luminosa autenticidade há de ser aprendida, sentida, sofrida, exercitada e consolidada junto daqueles que nos povoam as áreas do dia a dia, se quisermos esculpi-la por realização imorredoura no mundo da própria alma.

(Emmanuel. *Rumo certo*. Cap. 41)

214

Nossos atos tecem asas de libertação ou algemas de cativeiro, para nossa vitória ou nossa perda.

A ninguém devemos o destino senão a nós próprios.

(André Luiz. *Ação e reação*. Cap. 2)

REFERÊNCIAS

XAVIER, Francisco Cândido. *Ação e reação*. Pelo Espírito André Luiz. 30. ed. 15. imp. Brasília: FEB, 2023. (Coleção A vida no mundo espiritual; 9)

XAVIER, Francisco Cândido. *Agenda cristã*. Pelo Espírito André Luiz. 45. ed. 13. imp. Brasília: FEB, 2022.

XAVIER, Francisco Cândido. *Caminho, verdade e vida*. Pelo Espírito Emmanuel. 29. ed. 10. imp. Brasília: FEB, 2022. (Coleção Fonte viva; 1)

XAVIER, Francisco Cândido. *Ceifa de luz*. Pelo Espírito Emmanuel. 3. ed. 8. imp. Brasília: FEB, 2022.

XAVIER, Francisco Cândido. *Endereços da paz*. Pelo Espírito André Luiz. 1. ed. 1. imp. Brasília: FEB; São Paulo: CEU, 2021.

XAVIER, Francisco Cândido. *Fonte viva*. Pelo Espírito Emmanuel. 37. ed. 12. imp. Brasília: FEB, 2022. (Coleção Fonte viva; 4)

XAVIER, Francisco Cândido. *Palavras de vida eterna*. Pelo Espírito Emmanuel. 1. ed. 1. imp. Brasília: FEB, 2022. (Coleção Fonte viva; 5)

XAVIER, Francisco Cândido. *Pão nosso*. Pelo Espírito Emmanuel. 30. ed. 12. imp. Brasília: FEB, 2022. (Coleção Fonte viva; 2)

XAVIER, Francisco Cândido. *Pensamento e vida*. Pelo Espírito Emmanuel. 19. ed. 14. imp. Brasília: FEB, 2022. (Coleção Emmanuel)

XAVIER, Francisco Cândido. *Respostas da vida*. Pelo Espírito André Luiz. 2. ed. Brasília: FEB; São Paulo: IDEAL, 2023.

XAVIER, Francisco Cândido. *Roteiro*. Pelo Espírito Emmanuel. 14. ed. 8. imp. Brasília: FEB, 2022. (Coleção Emmanuel)

XAVIER, Francisco Cândido. *Rumo certo*. Pelo Espírito Emmanuel. 12. ed. 10. imp. Brasília: FEB, 2022. (Coleção Emmanuel)

XAVIER, Francisco Cândido. *Vinha de luz*. Pelo Espírito Emmanuel. 28. ed. 11. imp. Brasília: FEB, 2022. (Coleção Fonte viva; 3)

XAVIER, Francisco Cândido. *Voltei*. Pelo Espírito Irmão Jacob. 28. ed. 20. imp. Brasília: FEB, 2022.

www.febeditora.com.br

/febeditora /febeditoraoficial /febeditora

Conselho Editorial:
Jorge Godinho Barreto Nery – Presidente
Geraldo Campetti Sobrinho – Coord. Editorial
Cirne Ferreira de Araújo
Evandro Noleto Bezerra
Maria de Lourdes Pereira de Oliveira
Marta Antunes de Oliveira de Moura
Miriam Lúcia Herrera Masotti Dusi

Produção Editorial:
Elizabete de Jesus Moreira

Revisão:
FEB Editora

Capa, Projeto gráfico e Diagramação:
Luciano Carneiro Holanda

Foto de Capa:
pt.123rf.com/pro le_jockermaxdj'

Normalização Técnica:
Biblioteca de Obras Raras e Documentos Patrimoniais do Livro

Esta edição foi impressa pela Ipsis Gráfica e Editora S.A., Santo André, SP, com tiragem de 5 mil exemplares, todos em formato fechado de 100x130 mm. Os papéis utilizados foram o Off white 70 g/m² para o miolo e o revestimento Couchê fosco 170 g/m² para a capa dura. O texto principal foi composto em fonte Zurich LtCn BT 14,8/17 e os títulos em Acumin Variable Concept 26/31,2. PANTONE P 57-8 U. Impresso no Brasil. *Presita en Brazilo*.